D0575259

JPICTURE ZEP
I kick the ball /
Zepeda, Gwendolyn.
899885

CH AUG 2011
EN MAR 15
LC JUL 2016

I Kick the Ball
Pateo el balón

BY/POR
GWENDOLYN ZEPEDA

ILLUSTRATIONS BY/ILUSTRACIONES DE
PABLO TORRECILLA

SPANISH TRANSLATION BY/TRADUCCIÓN AL ESPAÑOL DE
GABRIELA BAEZA VENTURA

Piñata Books
Arte Público Press
Houston, Texas

Publication of *I Kick the Ball* is funded by grants from the City of Houston through the Houston Arts Alliance. We are grateful for their support.

Esta edición de *Pateo el balón* ha sido subvencionada por la Ciudad de Houston por medio del Houston Arts Alliance. Les agradecemos su apoyo.

¡Piñata Books están llenos de sorpresas!
Piñata Books are full of surprises!

Piñata Books
An Imprint of Arte Público Press
University of Houston
452 Cullen Performance Hall
Houston, Texas 77204-2004

Cover design by / Diseño de la portada por Mora Des!gn

Zepeda, Gwendolyn.
    I Kick the Ball / by Gwendolyn Zepeda ; illustrations by Pablo Torrecilla ; Spanish translation by Gabriela Baeza Ventura = Pateo el balón / por Gwendolyn Zepeda ; ilustraciones de Pablo Torrecilla ; traducción al español de Gabriela Baeza Ventura.
        p.   cm.
    Summary: Young Toñito thinks and dreams of soccer all the time, even as he does homework, eats dinner and spends time with his family.
    ISBN: 978-1-55885-688-2 (alk. paper)
    [1. Soccer—Fiction. 2. Spanish language materials—Bilingual.] I. Torrecilla, Pablo, ill. II. Ventura, Gabriela Baeza. III. Title. IV. Title: Pateo el balón.
    PZ73.Z361 2011
    [E]—dc22
                                                                            2010034073
                                                                            CIP

♾ The paper used in this publication meets the requirements of the American National Standard for Permanence of Paper for Printed Library Materials Z39.48-1984.

Text Copyright © 2011 by Gwendolyn Zepeda
Illustrations Copyright © 2011 by Pablo Torrecilla

Printed in China in October 2011–December 2011 by Creative Printing USA Inc.
12 11 10 9 8 7 6 5 4 3 2 1

For Enrique Zepeda, who taught me to aspire.
—GZ

To my sister Helena, and to all of those who grew up faster, higher, stronger, making sports their way of life.
—PT

Para Enrique Zepeda, quien me enseñó a tener aspiraciones.
—GZ

Para mi hermana Helena, y para aquéllos que crecieron más rápidos, más altos, más fuertes, dedicando su vida al deporte.
—PT

I kick the ball.
BAM! BOOM! POW!
Far away, I hear "Toñito!"

Pateo el balón.
¡PAM! ¡PUM! ¡PAS!
A lo lejos escucho "¡Toñito!"

I run with the ball,
fast like a race car.
Far behind me, I hear, "Toñito!"

Corro con el balón,
rápido como un auto de carreras.
Detrás de mí, escucho "¡Toñito!"

I kick the ball
high to the sky.
Kick it with the other foot
even higher.

Pateo el balón
alto hacia el cielo.
Lo pateo con el otro pie
aún más alto.

Jump in the air like a fish in the ocean.
Hit it with my head: BOOM!
Kick it with my knee!
With my foot!
With the other foot now!
BAM! BOOM! POW!

Salto en el aire como un pez en el océano.
Le doy un cabezazo: ¡PUM!
¡Le pego con la rodilla!
¡Con el pie!
¡Con el otro pie!
¡PAM! ¡PUM! ¡PAS!

In my mind, I can jump even higher.
In my mind, I can run even faster.
In my mind, my red T-shirt is a
real red jersey
with my name on the back.

En mi mente, puedo saltar aún más alto.
En mi mente, puedo correr aún más rápido.
En mi mente, mi camiseta roja es la
verdadera camiseta roja del equipo
con mi nombre en la espalda.

I run, I jump, I kick, I score!
The crowd cheers: "Toñito! Toñito! Toñito!"
"Toñito! TOÑITO! Luis Antonio!"
My mother yells louder than the crowd in my head.

¡Corro, salto, pateo, meto el gol!
La multitud celebra: "¡Toñito! ¡Toñito! ¡Toñito!"
"¡Toñito! ¡TOÑITO! ¡Luis Antonio!
Grita mi mamá aún más alto que la multitud en mi cabeza.

I carry my ball back to the house.
I remember my homework.
I add my numbers: ten, three, twenty-six.
I spell my spelling words: S, P, E . . .
Some day I'll read big words about myself
in all of the sports magazines.

Llevo mi balón a casa.
Recuerdo mi tarea.
Sumo los números: diez, tres, veintiséis.
Deletreo las palabras: S, P, E . . .
Un día voy a leer grandes palabras sobre mí
en todas las revistas de deportes.

I eat the dinner my mom made.
Chicken for strong arms, cabbage for strong kicks.
Spinach for speed and rice for energy.
And fruit for dessert. It's like gasoline
for my soccer machine.

Como la cena que mamá preparó.
Pollo para brazos fuertes, repollo para patadas fuertes.
Espinacas para correr rápido, arroz para energía
y fruta de postre. Es como gasolina
para mi máquina de fútbol.

There's no game on TV, so I watch a boring show
with my sister, my mom and my dad.
It's time for bed. Did you know that
you grow while you're sleeping?

No hay partido en la tele así es que veo un aburrido programa
con mi hermana, mi mamá y mi papá.
Es hora de dormir. ¿Sabías que
tu cuerpo crece mientras duermes?

In my bed, I dream. In my mind, in my sleep,
I jump like a rocket, into the sky.
I run like a tornado,
tearing up the ground.

En mi cama, sueño. En mi mente, en mis sueños,
salto como un cohete hacia el cielo.
Corro como un tornado
rompiendo la tierra.

I kick the ball so hard and far
like a giant red robot
could kick the moon!
I'm wearing my jersey. It says my name.
The crowd cheers: "Toñito!
Toñito scored a goal!"

Pateo el balón tan fuerte y tan lejos
¡como un robot rojo gigante
lo patearía hasta la luna!
Llevo mi camiseta del equipo. Tiene mi nombre.
La multitud celebra: "¡Toñito!
¡Toñito metió un gol!"

I dream like a movie. Like the best cartoon.
In the morning, I'll wake up and go back to school.
Then do my homework, clean my room,
eat my dinner, help with dishes . . .

Sueño como una película. Como la mejor caricatura.
En la mañana, despertaré e iré a la escuela.
Después haré mi tarea, limpiaré mi cuarto,
cenaré y ayudaré con los trastes . . .

. . . but tomorrow, I'll play again.
Like a storm, like a rocket, like a robot, like lightning.
And the next day, too. The next and the next.
Getting faster and stronger and bigger and better.

. . . pero mañana, también volveré a jugar.
Como una tormenta, como un cohete, como un robot,
        como un relámpago.
Y al día siguiente, también. Y al siguiente y al siguiente.
Haciéndome más rápido y más fuerte y más grande y mejor.

In my mind, I see this happen.
I dream it every day, so I know I can do it.
This makes me happy.
I dream what I'll do. I'll do what I dream.
I'll kick the ball tomorrow.
BAM! BOOM! POW!

En mi mente, veo que esto se hace realidad.
Lo sueño todos los días. Por eso sé que lo puedo hacer.
Esto me hace feliz.
Sueño lo que voy a hacer. Haré lo que sueño.
Patearé el balón mañana.
¡PAM! ¡PUM! ¡PAS!

Gwendolyn Zepeda was born in Houston, Texas, in 1971, and attended the University o[f] Texas at Austin. Her first children's book, *Growing Up with Tamales / Los tamales de Ana* (Piñata Books, 2008), was named a 2009 Charlotte Zolotow Award Highly Commended Title[,] and was nominated for a Tejas Star Book Award for bilingual children's books. Her secon[d] picture book, *Sunflowers / Girasoles* (Piñata Books, 2009), won the Texas Institute of Letter[s] Austin Public Library Friends Foundation Award for Best Children's Book. She lives i[n] Houston with her husband and three sons.

Gwendolyn Zepeda nació en Houston, Texas, en 1971 y asistió a la Universidad de Texas e[n] Austin. Su primer libro infantil, *Growing Up with Tamales / Los tamales de Ana* (Piñata Book[s,] 2008), fue nombrado en el 2009 uno de los Títulos Altamente Recomendados del premi[o] Charlotte Zolotow y nominado para el premio Tejas Star Book Award para libros bilingües infantiles. Su segund[o] libro, *Sunflowers / Girasoles* (Piñata Books, 2009), ganó el concurso del Instituto de Letras de Texas de la Fundació[n] de Amigos de la Biblioteca Pública de Austin por el Mejor Libro Infantil. Gwendolyn vive en Houston con su espos[o] y sus tres hijos.

Pablo Torrecilla is a native of Madrid, Spain. He has illustrated numerous books for childre[n] including *Estrellita en la ciudad grande / Estrellita in the Big City* (Piñata Books, 2008), *Th[e] Bakery Lady / La señora de la panadería* (Piñata Books, 2001) and *Marina's Muumuu / E[l] muumuu de Marina* (Piñata Books, 2001). He lives in Italy with his wife and two daughters.

Pablo Torrecilla es originario de Madrid, España. Ha ilustrado un sinnúmero de libro[s] infantiles, entre ellos *Estrellita en la ciudad grande / Estrellita in the Big City* (Piñata Book[s] 2008), *The Bakery Lady / La señora de la panadería* (Piñata Books, 2001) y *Marina's Muumuu / E[l] muumuu de Marina* (Piñata Books, 2001). Pablo vive en Italia con su esposa y sus dos hijas.

OKANAGAN REGIONAL LIBRARY
3 3132 03179 0761